In Südfrika erzählen die Menschen auf den Straßen die Geschichte von der Geburt Jesu Christi ganz ohne Worte, nur mit Hilfe von Händen und Füßen. Viele Kinder schauen gern dabei zu.

In Indien überreichen Kinder ihren Vätern zum Weihnachtsfest eine Zitrone, um sie zu ehren. Aber eigentlich bekommen hier vor allem die Kinder Geschenke.

In den Vereinigten Staaten von Amerika freuen sich die Kinder über fröhliche Weihnachtsparaden, über prächtig beleuchtete Häuser und mit Geschenken gefüllte Socken, die am Weihnachtsmorgen an den Kaminen hängen. Und wenn sich hier zwei Menschen unter einem Mistelzweig treffen, geben sie sich einen Kuss!

Wenn du diese Hinweise in den Bildern entdeckst, führen sie dich rund um die Welt:

Deutschland: Oh, die afrikanische Krippenfigur ist kaputtgegangen.

Südafrika: Hier in der Holzschnitzerei werden die Krippenfiguren geschnitzt und in viele Länder verschickt. In einer anderen Werkstatt sieht ein Kind im Fernsehen, wie in Schweden das Sankt Luciafest gefeiert wird.

Schweden: Vor der Schule dreht das Fernsehteam den Beitrag über das Luciafest.
Im Gemeindehaus sammeln die Dorfbewohner Kartons mit Geschenken für die Kinder eines indischen Kinderheims.

Indien: Die Kinder packen in ihrer Schule die Geschenke aus Schweden aus. Ein Junge hat einen Stoffeisbären bekommen. Die Lehrerin zeigt ihm Grönland auf der Weltkarte. Dort leben Eisbären.

Grönland: Hier läuft ein Eisbär hinter dem Dorf entlang.
Im Dorf ist gerade ein Grönländer von einer Amerikareise zurückgekehrt. Er hat von dort ein blaues T-Shirt mit dem Bild eines berühmten Rentiers mitgebracht.

Vereinigte Staaten von Amerika: Das Rentier heißt Rudolph und hat eine rote Nase. Viele in dieser Stadt tragen ein solches T-Shirt, denn Rudolph ist in den Vereinigten Staaten beliebt. Er kommt in einem sehr bekannten Weihnachtslied vor.
Auf dem Weihnachtsbasar verkauft eine Frau aus Kanada Waschbärfellmützen und Rübenlichter.

Kanada: Hier in den einsamen Wäldern lebt diese Frau mit ihrer Familie. Auf dem Bild ist auch die Werkstatt zu sehen, in der die Frau die Fellmützen näht.
Ihr Sohn albert über das Internet mit einem Jungen aus dem fernen Russland herum.

Russland: Der russische Junge am Computer lacht über die Späße des Jungen aus Kanada.
In einem Reisebüro neben dem Busbahnhof hängt ein Plakat von Brasilien. Fliegt dort etwa der Weihnachtsmann in einem Hubschrauber?

Brasilien: Ja, und er sieht von oben sicher das prächtige Feuerwerk zu seinen Ehren.
In Brasilien ist es auch in dieser Jahreszeit warm und die meisten Kinder kennen keinen Schnee. Deshalb fährt der Vater mit seinen zwei Kindern in die Schweiz zum Skifahren.

Schweiz: Schnee ist herrlich und Skifahren macht Spaß. Manche Schweizer zieht es aber wiederum in ein fernes und warmes Land. Ein Dorbewohner bekommt eine Postkarte von seinem Freund, der auf die Bahamas ausgewandert ist.

Bahamas: Der Freund aus der Schweiz hat schon eine kleine Familie gegründet.
Er sitzt auf seiner Terrasse und spielt Akkordeon zum Junkanoo-Fest.
Das ganze Jahr über werden hier im Meer Perlen gezüchtet. Sie sind sehr begehrt und werden in viele Länder verschickt.

Deutschland: Die Frau bekommt von ihrem Mann eine Perlenkette von den Bahamas geschenkt. Es ist Heiligabend und der Weihnachtsstreifzug durch elf Länder endet hier.

Rund um die Welt ist

Weihnachten

Ein Wimmelbilderbuch von

Catharina Westphal

Gabriel

BUBI
3 km

Jul
24

ಭಾರತದ

= 1
= 1

10
6
6

ОФИС РИСА
ИСИЛЬКУЛЬ
1300,-
ОМСК
ИКОНЫ
СВЕЧИ
СВЕЧИ

СВЕЧИ
СВЕЧИ
ПРАВДА

2 km
1 km

SPORT
SPORT
25.12.

HOTEL
SPORT

30
HI
liebe Grüße
1h
6h
½h
5h

3 km

In der dunklen Winterzeit werden in Kanada Rüben ausgehöhlt und liebevoll Muster hineingeschnitzt. Wenn eine Kerze hineingestellt wird, leuchten sie sehr gemütlich. Diese Rübenlichter bekommen die Kinder vor Weihnachten geschenkt.

Eine große Stadt an Brasiliens Küste heißt Rio de Janeiro. Hier wird der Weihnachtsmann jedes Jahr mit einem Hubschrauber in das größte Fußballstadion der Welt geflogen, und Tausende Kinder und Erwachsene jubeln ihm zu. Dazu schießen sie bunt leuchtendes Feuerwerk in den Nachthimmel.

Auf den Bahamas feiern die Inselbewohner Weihnachten wie Karneval. In bunten Kostümen tanzen Kinder und Erwachsene nach Heiligabend zu Trommeln und Musik durch die Gassen und Straßen. Dieses Fest nennen sie Junkanoo.